Dieses Buch gehört

....

Liebe Eltern,

wir wollen Ihr Kind beim Lesenlernen unterstützen, und zwar mit Geschichten, die Spaß machen.

Unsere Bücher mit dem liebenswerten Leselöwen begleiten Ihr Kind durch die 2. Klasse. Sie enthalten drei bis vier Geschichten zu einem spannenden Thema, mit einfachen Sätzen und gut lesbarer Schrift. Viele bunte Bilder sorgen für Lesepausen und helfen, die Geschichten zu verstehen. Mit den Aufgaben zum Text kann Ihr Kind selbst prüfen, ob es den Text richtig verstanden hat. Zu den markierten Wörtern warten am Ende des Buches spannende Fakten und in unserem Onlineportal finden Sie viele weitere Extras!

So wird Ihr Sohn oder Ihre Tochter zum echten Leselöwen!

Ihr

Leselöwe

Leselöwen

Ann-Katrin Heger

Gruselgeschichten

Illustriert von Julia Ginsbach

Loewe

www.leseloewen.de

FSC
www.fsc.org
MIX
Papier | Fördert gute Waldnutzung
FSC® C018236

Klimaneutral
Druckprodukt
ClimatePartner.com/18521-2202-1001

ISBN 978-3-7855-8605-1
4. Auflage 2023

Illustrationen: Julia Ginsbach
Umschlaggestaltung: Michael Dietrich
Vignetten Leselöwe: Angelika Stubner
Printed in the EU

www.loewe-verlag.de

Inhalt

Das rabenschwarze Haus

Der Vater von Tim und Nina hat
ein Ferienhaus gemietet.
Es ist riesig und schwarz.
Mit einem Plastikraben
auf dem Dach.
Total unheimlich, findet Tim.

Doch Nina strahlt und stapft
durch den verwilderten Garten.
„Voll toll hier“, ruft sie.

Papa lacht. „Freut mich.
Die Miete war sehr günstig."
Tim bekommt eine **Gänsehaut**.
„Kein Wunder", denkt er.
„Wer will schon in einem Spukhaus
Ferien machen?"

Am Abend kann Tim
nicht einschlafen.
Nachmittags am Strand
hat er keine Angst gehabt.
Weil das Haus weit weg war.

Und jetzt? Liegt er im Bett
und macht sich fast in die Hose.
Über ihm quietscht es.
Nicht wie etwas Normales.
Sondern wie etwas Schreckliches.

„Nina!“, flüstert Tim erschrocken
und rüttelt seine Schwester wach.
„Was ist?“, sagt sie und gähnt laut.
„Musst du aufs Klo?“
„Pssst! Neeein“, wispert Tim.
„Da oben spukt es.“

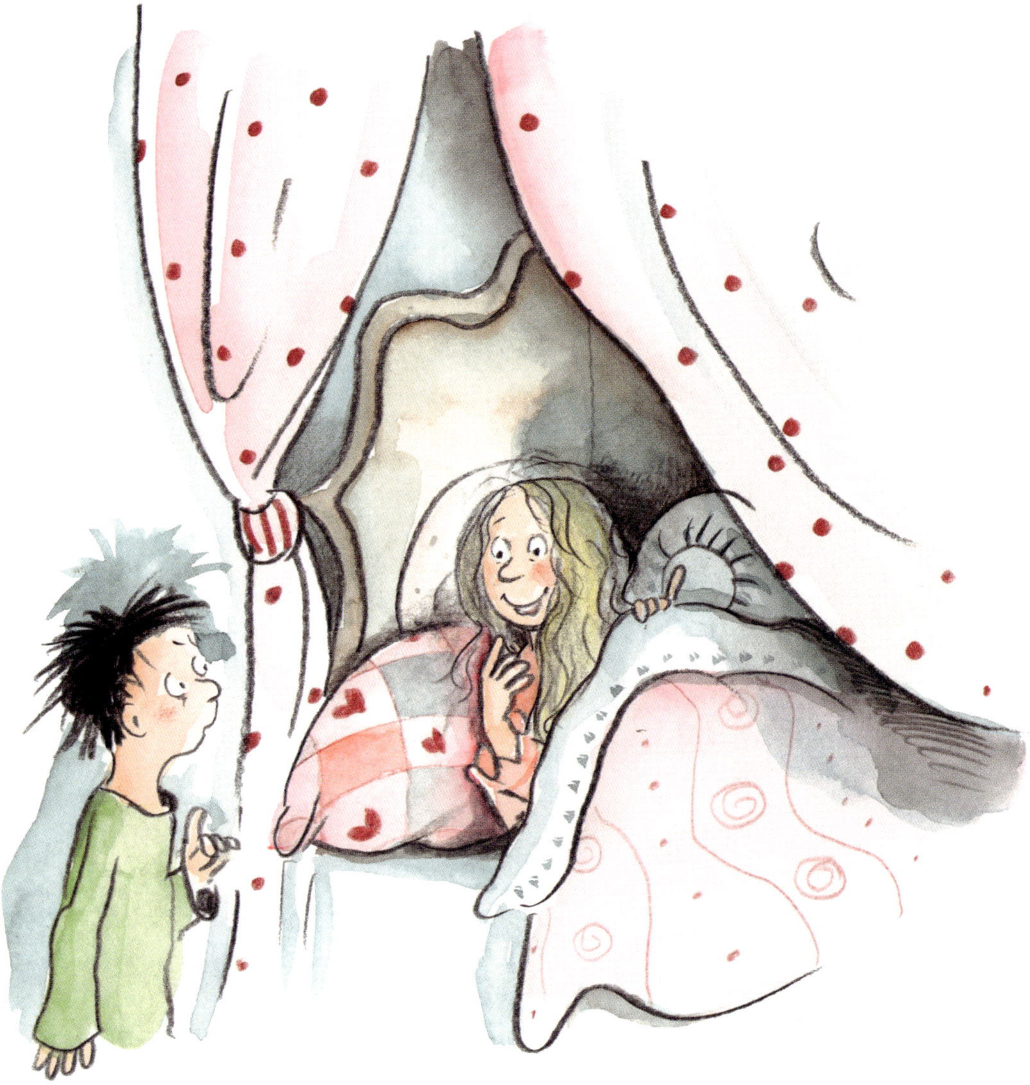

Nina macht große Augen.

„Glaubst du echt?“, fragt sie.

„Ein Geist? Oder ein Monster?“

Tim nickt.

„Lass uns nachsehen“, meint Nina.
Sie nimmt Tim an die Hand
und zieht ihn aus dem Zimmer.
Die Treppe hoch. Zum Dachboden.
UIIIIEEEK!
„Ah! Wir sind richtig“, sagt Nina.
„Richtig?“, krächzt Tim leise
und wird weiß wie Zahnpasta.
„Lass uns lieber abhauen.“

Doch Nina denkt gar nicht daran
und dreht den Schlüssel um.
Die dünne Holztür schwingt auf.
Nina geht als Erste hinein.
Tim folgt ihr
mit zitternden Knien.

Dann stolpert er
über einen Schalter,
der am Boden liegt.
Daraufhin geht das Licht an.

„Ahhhhhh!“, schreit Nina.

„Ahhhh!“, würde auch Tim gerne schreien.

Aber er bringt keinen Ton heraus.

Stattdessen starrt er
ein blaues Monster in der Ecke an,
das mit den Augen rollt.
„Willkommen in der Höllenbahn“,
sagt das Ungeheuer und lacht fies.

Eine große Ratte
läuft quietschend davon.
Jetzt kann Tim endlich schreien.
Er schreit so laut wie noch nie
in seinem Leben: „Papa, Hilfe!“

Sofort ist Papa da und nimmt Nina
und ihn in den Arm.
„Meine armen Schätze“, sagt er.
„Ich habe vergessen zu erzählen,
dass unserem Vermieter
die Geisterbahn
vom Strandrummel gehört.

Er repariert auf dem Dachboden

die kaputten Monster und

Vampire und so.

Das blaue hier

will er morgen abholen.

Und euch auch. Dann dürft ihr
so oft Geisterbahn fahren,
wie ihr wollt!“
Tim lacht. Geisterbahn-Monster
und Papp-Vampire?
Die will er unbedingt sehen!

Die Gruft

Der Mond scheint hell
und taucht den Friedhof
in ein milchiges Licht.
Gretas Schritte knirschen
auf dem Kiesweg.

Da hinten! Dort muss sie hin.

Zu den schiefen Grabsteinen.

Greta erschrickt, als etwas

an ihrem Bein entlangstreift.

Puh – es ist nur eine Plastiktüte,
die der Wind aufgewirbelt hat.
Sie kickt die Tüte zur Seite und
geht zu einem knorrigen Baum,
an dem ein alter Grabstein lehnt.

Hinter dem Stein sieht sie
eine rostige Tür,
die ganz von Efeu bewachsen ist.
Vorsichtig drückt sie die Klinke.
Die Tür öffnet sich knarrend.
Ein Gang liegt vor ihr.
Feuchte und modrige Luft
weht ihr entgegen.

Greta zittert. Es ist dunkel.
Trotzdem geht sie hinein.
Sie tastet sich
an der feuchten Wand entlang,
bis sie in eine Höhle kommt.

In der Mitte steht eine Holzkiste.

Gretas Augen werden ganz groß.

Schritt für Schritt geht sie

auf den Kasten zu

und schiebt den Deckel zur Seite.

In der Kiste liegt jemand.
Er ist bleich und
hat blutrote Lippen.
Mit einem Ruck setzt
das Wesen sich auf und leckt
mit der Zunge über die Eckzähne,
die spitz aus seinem Mund ragen.

„Ich habe dich schon erwartet“,
raunt das Wesen heiser.
„Du bist das Liefer-Frühstück
vom Vampirdienst ‚Blutwurst‘.“

Greta schüttelt den Kopf und ruft:
„Nein, das bin ich nicht.
Das ist ein Missverständnis!“
„Ganz egal“, antwortet der
Vampir. „Ich bin hungrig
und du bist blutjung. Lecker.“

Schnell springt er aus dem **Sarg**,
packt Greta an den Armen und
hebt sie hoch.
„Nein, bitte nicht beißen“,
keucht Greta und strampelt
verzweifelt mit den Füßen.
„Ich will kein Vampir werden!“

„Und … SCHNITT!“, ruft
der Regisseur. „Schluss für heute!
Du warst großartig, Greta.
Die Szene ist im Kasten.“
Greta lächelt erleichtert.

„Zum Glück!“, lispelt Ron,
der Schauspieler,
der den Vampir spielt.
„Die falschen Zähne drücken.
Noch fünf Minuten länger und
ich hätte sie in die Ecke
gepfeffert.“

„Du Armer. Pass nur auf, dass du die
Zähne nicht verlierst,
wenn wir die Beißszene drehen."
Greta grinst.
Sie freut sich schon auf morgen:
Denn dann ist wieder
ein schaurig-schöner Drehtag.

Die Party im Wald

„Na komm,
meine wurstförmige Schöne!“,
sagt Jim, der graue Wolfshund.
„Das wird die Party deines Lebens.
Die darfst du nicht verpassen!“

Dackeldame Luzi überlegt.

„Okay“, sagt sie.

„Aber bis Mitternacht

will ich wieder hier sein.

Ich brauch meinen Schlaf,

schließlich hab ich morgen

einen Termin beim Hundefriseur.“

„Na dann“, grunzt Jim
und setzt sich in Bewegung.
Mit ihren Stummelbeinen
tippelt Luzi neben ihm
in den Wald hinein.

Das Gestrüpp wird immer dichter.
Aber nicht nur das.
Als Luzi zu ihm hochblickt, sieht
er plötzlich ganz anders aus.
Sein Fell ist dicht und zottelig.

Sein Kopf wird größer und seine
Zähne spitzer.
Speichel tropft aus seinem Maul.
Luzi bekommt Angst.

„Ich will nach Hause“,
flüstert Luzi. „Jetzt sofort.“
„Uuuuaaaa!“, heult Jim.
„Hast du etwa nicht gewusst,
dass der Wald uns verwandelt?
Auch dich!“

Luzi senkt den Blick und
erschrickt.
Ihr kurzes, glattes Dackelfell
kräuselt sich lang und filzig.
Ihre Krallen sind nicht mehr
sauber und gefeilt wie zuvor,
sondern messerscharfe Klauen.

„Ahiii“, winselt Luzi
und legt sich flach auf den Boden.
„Ich bin ein Monster geworden.“
„Nein, nein“, beruhigt Jim sie.
„Kein Monster. Nur ein **Werwolf**.“

„Das ist noch schlimmer“,
wimmert Luzi.
„Werwölfe sind superböse
und fressen alles,
was ihnen vor die Nase kommt.“

„Das wär mir neu“, meint Jim.

„Ich finde es sogar lustig:

Geht man in den Wald,

wird man ein wilder Werwolf.

Kommt man zurück,
ist der Spuk vorbei.
Ist doch genial.“
In diesem Augenblick hören sie
laute E-Gitarren und **Wolfsgeheul**.

„Es geht los!“ Jims Augen strahlen. „Das sind die *Heulbojen,* die beste Band der Welt. Klingt gut, ne?“ Luzi merkt, dass ihre Beine ganz von alleine zur Musik wackeln.

Ihr Herz schlägt wild dazu –
werwolfswild.
Jim hat recht.
Die Verwandlung hat sie nicht
böse gemacht.

Sie hat nur unheimliche Lust
auf Tanzen und Toben.
„Jetzt will ich
die Heulbojen sehen!“,
ruft sie.

Jim und sie rennen der

Rockmusik nach,

bis sie mit anderen Werwölfen vor

der Bühne stehen.

Luzi tanzt und tanzt und tanzt.

Immer wieder grinst sie Jim an.

„Weißt du, was großes Glück ist?“,

fragt sie ihn.

„Dass ich dich
hierher eingeladen habe?“, rät Jim.
„Nein“, sagt Luzi und
schüttelt ihr filziges Werwolf-Fell.
„Dass ich morgen einen Friseurtermin habe!“

Fragen und Antworten

1. Was sitzt auf dem Dach des rabenschwarzen Hauses? Bringe die Silben in die richtige Reihenfolge.

TIK RA PLAS BE

Antwort: Plastikrabe

2. Was ist richtig? Kreuze an.

Tim wird vor Angst ...

- ☐ ... grün wie Waldmeisterlimonade.
- ☐ ... weiß wie Zahnpasta.
- ☐ ... rot wie eine Tomate.

Antwort: ... weiß wie Zahnpasta

3. Wo finden Tim und Nina die Geisterbahn? Lies die Wörter verkehrt herum und kreuze die richtige Antwort an.

- ☐ Nedobhcad
- ☐ Rellek
- ☐ Ehcük

Antwort: Dachboden

4. Wie oft zählst du das Wort „Geisterbahn“ in der ersten Geschichte?

7-2= ______   5+3= ______   8-5= ______

Antwort: 8-5=3

5. Wen findet Greta in der Gruft? In diesem Buchstabengitter hat sich das Lösungswort versteckt. Kreise es ein.

W	E	R	V	A	M
T	O	M	A	L	K
F	R	I	M	I	L
G	F	E	P	J	M
X	A	V	I	R	T
K	L	E	R	R	S

Antwort: Vampir

Fragen und Antworten

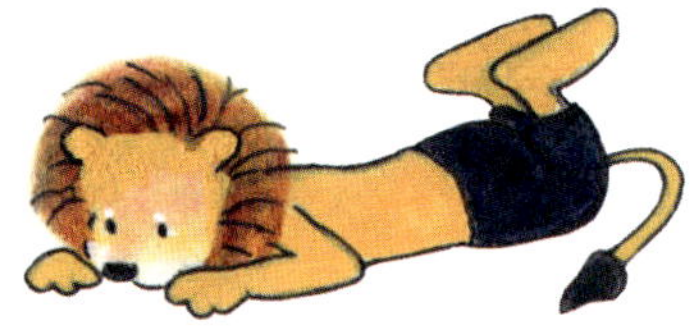

6. **Lies die Spiegelschrift. Was wird auf dem Friedhof gedreht?**

mJiV   mJiꟻ   nJiꟻ

Antwort: Film

7. **Wie viele Buchstaben hat der Name des Vampir-Schauspielers?**

Antwort: Der Name Ron hat drei Buchstaben.

8. **Immer zwei Silben ergeben ein Wort. Findest du die drei gesuchten Wörter?**

STEIN HOF PIR GRAB FRIED VAM

Antwort: Grabstein, Vampir, Friedhof

9. Welche Farbe hat Jims Fell? Kreuze an.

Antwort: Grau

10. Welches Wort fehlt in diesem Satz? Trage es ein.

____________________ sind superböse und fressen alles, was ihnen vor die Nase kommt.

Antwort: Werwölfe

11. Wie heißt die Rockband in der letzten Geschichte? Kreise das Wort in der Buchstabenschlange ein.

SCHREIMEISENHEULBOJENWIMMERNDEHUNDE

Antwort: Heulbojen

12. Welcher Satz kommt in der letzten Geschichte vor?

Luzi lacht und lacht und lacht.

Luzi weint und weint und weint.

Luzi tanzt und tanzt und tanzt.

Antwort: Luzi tanzt und tanzt und tanzt.

Schon gewusst?

Gänsehaut (Seite 10):

Bei Gänsehaut richten sich die Haare am Körper auf, sodass die Haut aussieht wie die einer gerupften Gans. Man bekommt Gänsehaut, wenn einem kalt ist oder man Angst hat.

Gruft (Seite 24):

Eine Gruft ist wie ein kleines Haus auf dem Friedhof. Man kann Särge oder Urnen hineinstellen, anstatt sie in ein Grab in der Erde zu legen.

Vampir (Seite 32):

Der Vampir ist eine erfundene Gestalt aus alten Geschichten. Er sieht aus wie ein Mensch mit blasser Haut und spitzen Eckzähnen. Tageslicht, Knoblauch und Kreuze sind tödlich für den Vampir. Nachts sucht er nach Beute. Er ernährt sich nur von Blut. Der berühmteste Vampir ist Graf Dracula.

Sarg (Seite 33):

Normalerweise werden Menschen nach ihrem Tod in einem Sarg begraben. Vampire jedoch benutzen Särge als Betten, in denen sie tagsüber schlafen.

Werwolf (Seite 44):

In Geschichten ist der Werwolf ein Mann, der sich in einen Wolf verwandelt. Bei Vollmond wachsen ihm Fell und Klauen und er geht auf die Jagd. In der Geschichte „Party im Wald“ werden bei Vollmond Hunde zu wilden Werwölfen.

Wolfsgeheul (Seite 47):

Wölfe heulen, um Kontakt mit den anderen Wölfen aus ihrem Rudel aufzunehmen. Die Tiere können das Geheul bis zu fünfzehn Kilometer weit hören. Damit markieren sie auch ihr Revier.

Blättere schnell um und trage die roten Buchstaben in der richtigen Reihenfolge in die Kästchen ein!

Ann-Katrin Heger arbeitete viele Jahre als Redakteurin in verschiedenen Kinder- und Jugendbuchverlagen, bevor sie sich als Autorin selbstständig machte. Sie lebt mit Mann, Kater, Kindern und Büchern in Fürth.

Julia Ginsbach wurde 1967 in Darmstadt geboren. Nach ihrer Schulzeit studierte sie Musik, Kunst und Germanistik. Heute arbeitet sie als freie Illustratorin und lebt mit ihrer Familie und vielen Tieren auf einem alten Pfarrhof in Norddeutschland.

Das Leselöwen-Lösungswort

Besuche den Leselöwen auf **www.leseloewen.de** und trage die farbigen Buchstaben von den Seiten *Schon gewusst?* in der richtigen Reihenfolge in die magische Box ein.

Wenn du das Lösungswort gefunden hast, kommst du auf die geheime Seite mit vielen weiteren Spielen und Rätseln!

Der **Leselöwe** freut sich auf dich!